As cem linguagens em mini-histórias

Créditos

Seleção e coordenação das foto-histórias: Vea Vecchi

Estas foto-histórias foram documentadas e organizadas em Reggio Emilia entre 1980 e 1994 por professores, atelieristas e pedagogistas nas seguintes creches: Arcobaleno, Cervi, Panda e Peter Pan; além das pré-escolas: Diana, Gulliver, Neruda e La Villetta.

As fotografias são de Simonetta Bottacini, Giuliana Campani, Mara Davoli, Alba Ferrari, Giovanni Piazza, Mirella Ruozzi, Stefano Sturloni e Vea Vecchi.

R334c Reggio Children.
    As cem linguagens em mini-histórias : contadas por professores e crianças de Reggio Emilia / Reggio Children, Escolas e Creches da Infância - Instituição do Município de Reggio Emilia ; tradução: Guilherme Adami ; revisão técnica: Ana Teresa Gavião A. M. Mariotti, Aparecida de Fátima Bosco Benevenuto. – Porto Alegre : Penso, 2021.
    xx, 120 p. : il. ; 25 cm.

    ISBN 978-65-81334-16-1

    1. Educação infantil. I. Escolas e Creches da Infância - Instituição do Município de Reggio Emilia. II. Título.

    CDU 373.2

Catalogação na publicação: Karin Lorien Menoncin – CRB 10/2147

As cem linguagens em mini-histórias

contadas por professores e crianças de Reggio Emilia

**Reggio Children e Escolas e Creches
da Infância de Reggio Emilia**

Tradução
Guilherme Adami

Revisão técnica
Ana Teresa Gavião A. M. Mariotti
Mestra e Doutora em Psicologia e Educação pela Universidade de São Paulo (USP).
Diretora de Formação da Fundação Antonio-Antonieta Cintra Gordinho (FAACG)
e Membro do Conselho Estadual de Educação de São Paulo.
Estágio na Creche Municipal Bellelli, Reggio Emilia - Itália (2005), cursando "Recognition Process for Teacher Educators on Reggio Emilia Approach", Reggio Emilia - Itália (2019-2021).

Aparecida de Fátima Bosco Benevenuto
Mestra em Literatura pela Universidade de São Paulo (USP).
Pós-graduada em "O Papel do Coordenador", Universidad Torcuato di Tella e Reggio Children, com módulo realizado em Reggio Emilia.
Diretora da Escola da Fundação Antonio-Antonieta Cintra Gordinho (FAACG).

Porto Alegre
2021

Obra originalmente publicada em língua inglesa, em 2016, por Davis Publications, Inc., USA, sob o título *"The Hundred Languages in Ministries – Told by Teachers and Children from Reggio Emilia"*.

© Original em italiano por Escolas e Creches da Infância - Instituição do Município de Reggio Emilia e Reggio Children s. r. l. - Centro Internazionale per la difesa e la promozione dei diritti e delle potenzialità dei bambini e delle bambine, Reggio Emilia, Italy.

SCUOLE E NIDI D'INFANZIA
Istituzione del
Comune di Reggio Emilia
REGGIO EMILIA APPROACH ®

www.reggiochildren.it

All rights reserved. Todos os direitos reservados.

Gerente editorial: *Letícia Bispo de Lima*

Colaboraram nesta edição

Coordenadora editorial: *Cláudia Bittencourt*

Leitura final: *Paola Araújo de Oliveira*

Arte sobre capa original: *Kaéle Finalizando Ideias*

Projeto gráfico e editoração: *Kaéle Finalizando Ideias*

Reservados todos os direitos de publicação, em língua portuguesa, ao
GRUPO A EDUCAÇÃO S.A. (Penso é um selo editorial do GRUPO A EDUCAÇÃO S.A.)
Av. Jerônimo de Ornelas, 670 – Santana
90040-340 – Porto Alegre – RS
Fone: (51) 3027-7000 – Fax: (51) 3027-7070

SÃO PAULO
Rua Doutor Cesário Mota Jr., 63 – Vila Buarque
01221-020 – São Paulo – SP
Fone: (11) 3221-9033

SAC 0800 703-3444 – www.grupoa.com.br

É proibida a duplicação ou reprodução deste volume, no todo ou em parte,
sob quaisquer formas ou por quaisquer meios (eletrônico, mecânico, gravação,
fotocópia, distribuição na Web e outros), sem permissão expressa da Editora.

IMPRESSO NO BRASIL
PRINTED IN BRAZIL

"Os professores devem abandonar modos de trabalho isolados e silenciosos. Pelo contrário, devem descobrir maneiras de comunicar e documentar a evolução das experiências das crianças na escola. Eles devem preparar um fluxo constante de informações voltadas aos pais, mas que também possam ser apreciadas pelas crianças e pelos professores. Esse fluxo de documentação, acreditamos, apresenta aos pais uma qualidade de conhecimento que altera suas expectativas tangivelmente. Eles podem reexaminar suas convicções sobre seus papéis e sua visão sobre a experiência que os seus filhos estão vivenciando e assumir uma abordagem nova e mais problematizadora em relação a toda experiência escolar. Com relação às crianças, elas ficam ainda mais curiosas, interessadas e confiantes ao contemplarem o significado do que realizaram."

Loris Malaguzzi
*As cem linguagens da criança: a experiência
de Reggio Emilia em transformação*

Apresentação à edição brasileira

> *Durante o processo de conhecimento, há contínuos empréstimos de conhecimento, de hipóteses e pontos de vista entre crianças.*
>
> Vea Vecchi

Por que a abordagem de Reggio Emilia é uma inspiração?

A Fundação Antonio-Antonieta Cintra Gordinho (FAACG), instituída em 1957, é uma instituição sem fins lucrativos que nasceu do sonho do casal Antonio e Antonieta de construir uma entidade filantrópica voltada à educação.

Como uma instituição do terceiro setor, a Fundação tem seis unidades, sendo Ensino Formal (Educação Infantil, Ensino Fundamental, Médio e Técnico) e Informal (oficinas). Em 2013, a Escola, que atende crianças e adolescentes de 6 meses a 17 anos, reorganizou seu projeto educativo, buscando uma educação que responda ativamente às demandas e aos desafios múltiplos do mundo contemporâneo.

A mensagem de nossa vice-presidente, D. Maria Thereza Passos Gordinho Amaral de Oliveira, proferida em 2013, nos ajudou a construir um Projeto Educativo que ecoa até hoje em nossas ações pedagógicas:

> [...] Estaremos juntos nessa jornada que nos apresenta sempre muitos desafios. Teremos que nos reinventar a cada dia. [...] Podemos construir uma escola onde todos poderão aprender. Uma escola à qual todos se orgulharão de pertencer!

O Projeto Educativo da Escola tem por princípio: parceria família-comunidade e rede de recursos sociais; escola, ateliê, brincar e metáfora; aprendizagem integral e pesquisa na escola; formação, avaliação e documentação pedagógica.

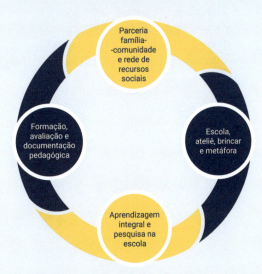

A partir da definição do Projeto Educativo, é importante a constante reflexão, apropriação e coerência entre os princípios pedagógicos e a prática cotidiana, ou seja, entre o pensar e o fazer na escola.

Ao longo dos anos, os encontros de formação de professores têm procurado estudar conceitos e orientar de forma processual a construção de uma escola que prioriza os valores definidos e a qualidade das aprendizagens e das relações.

No desejo de promover uma experiência singela e relevante para a comunidade local de Jundiaí, a FAACG também tem encontrado recorrente diálogo com Reggio Emilia. Tal diálogo tem provocado inúmeras e inestimáveis reflexões, semeadas anualmente nos Encontros Internacionais de Educação da FAACG, que ocorrem desde 2014, e potencializadas pelo acordo, firmado em 2019, de Pesquisa-*Consulenza* entre Reggio Children e FAACG.

A tradução e a revisão deste livro são mais uma ação da instituição no sentido de substanciar reflexões que permeiem o cotidiano das escolas:

- Qual a importância das mini-histórias para a educação infantil?
- O que entendemos por cem linguagens?
- Qual a relação entre o cotidiano escolar, as narrativas e o processo de desenvolvimento e aprendizagem?
- Como pensar a documentação pedagógica e a formação do professor a partir das mini-histórias?

Como diz Sergio Spaggiari, em seu texto "Mini-histórias", a apreciação deste livro é uma oportunidade de alimentar a esperança e testemunhar as inteligências das crianças para não olharmos o cotidiano com indiferença. Fica aqui a oportunidade de podermos nos conectar aos extraordinários sentidos que as pequenas narrativas oferecem.

Pensando nas perguntas elencadas, convidamos você, leitor, a adentrar o livro, inspirar-se em Reggio Emilia e tecer, por meio de muitas linguagens, a sua experiência educativa!

Fundação Antonio-Antonieta Cintra Gordinho

Prefácio

Carlina Rinaldi

Estas mini-histórias, parte da memória e das experiências vivenciadas pelas crianças e pelos educadores de Reggio Emilia e compartilhadas com familiares e muitos educadores que têm nos visitado ao longo dos anos, são agora oferecidas a estudantes de outros países dedicados a compreender nossa abordagem. Elas são resultado de um processo de escuta e documentação.

Ao se moverem de um campo de experiência a outro – se as crianças têm a oportunidade de fazê-lo em um contexto de grupo e têm a chance de escutar e serem escutadas –, elas podem expressar ou modificar as teorias que construíram e as representar por meio de linguagens expressivas. Enquanto expressam novos conceitos, as crianças também os desenvolvem. Frequentemente, um conceito traduzido de uma linguagem a outra torna-se mais claro e mais bem definido. A experiência de construir um conceito em uma linguagem diferente não apenas dá uma outra versão do conceito, mas o enriquece.

A tarefa daqueles que educam não é somente possibilitar que diferenças sejam expressadas, mas também promover trocas. Desse modo, não apenas a criança, individualmente, aprende como se aprende, mas o grupo todo torna-se consciente de como constituir um lugar onde ideias são renovadas.

Mais do que oferecer apoio e mediação às crianças, o educador que sabe escutar, observar, documentar e interpretar esses processos realizará seu próprio potencial como aprendiz. A documentação pode ser entendida como escuta visível. Isso garante que tanto o grupo quanto cada criança possa observar os demais enquanto aprende, e que os educadores possam aprender como se ensina, por meio da observação dos processos de aprendizagem das crianças.

Estas mini-histórias, breves narrativas visuais, são resultado de muitos tipos de documentações: vídeos, fitas cassetes, notas escritas e, é claro, fotografias. Elas tornam visíveis, de modo parcial e subjetivo, os processos e as estratégias de aprendizagem usados pelas crianças, individual e coletivamente. Elas permitem ler, revisitar e avaliar – ações que são parte integral do processo de construção de conhecimento. Elas são essenciais para entender processos cognitivos, bem como relações entre crianças e adultos.

Introdução

Amelia Gambetti e Lella Gandini

Estas breves histórias são emblemas de uma imagem positiva e interativa da infância que nutriu a alta qualidade do trabalho educacional dos professores em Reggio Emilia por muitos anos, inspirando educadores nos Estados Unidos e, mais recentemente, em vários outros países do mundo.

Muitas destas histórias evocam surpresa e admiração, mas isso não significa que as crianças aqui representadas sejam excepcionalmente talentosas; elas são competentes, assim como todas as crianças que se sentem escutadas e respeitadas. As crianças não devem meramente ser instruídas e protegidas.

São histórias cotidianas que mostram sequências de ação e nos ajudam a perceber a complexidade de um contexto rico em atenção e relações. Essas possibilitam, diariamente, a extraordinária evolução do pensamento das crianças.

As histórias mostram ao leitor como os professores observam as crianças pela lente de uma câmera, uma ferramenta que treina a captura de momentos significativos. São momentos assim que ajudam a dar sentido à vida da escola e aos objetivos compartilhados de educar e aprender a aprender.

Sobretudo, essas histórias revelam o papel do adulto que reflete e investe na inteligência das crianças, oferecendo-lhes situações e materiais que têm potencial para serem transformados. Os professores esperam resultados positivos, mas, como esses encontros são ricos em reviravoltas inesperadas, suas expectativas são frequentemente superadas pela grande capacidade criativa das crianças. Podem-se surpreender com a intensidade das relações e interações e, também, considerando as transformações, com a criação de metáforas que resultam das transformações produzidas pela imaginação das crianças.

Juntos, os professores criam um ambiente amigável e favorável – rico em uma variedade de materiais – que se torna potente porque nele observam e escutam as crianças e seus interesses específicos. É essa intensa consciência que sugere a elas suas estratégias, escolhas e provocações. Durante o processo, os professores documentam o que acontece e depois interpretam e atribuem sentidos, avaliando a situação junto às crianças. Os professores, de fato, tecem em seu próprio trabalho a exploração e descoberta das crianças.

Entre as linguagens que crianças e adultos exploram explicitamente, percebem-se aspectos da aprendizagem que são entrelaçados. Alguns exemplos: formas de comunicação simbólica que apoiam o desenvolvimento da língua e da escrita, conscientização da quantidade e uso de números e representação do espaço e sua habitação, com a sensação de pertencimento a ele. Observa-se, por exemplo, que os materiais são transferidos pelas crianças de uma área para outra, criando novas interações, diálogos e possibilidades. Encontram-se também observações de aspectos da natureza, com tentativas de explicar o desenvolvimento científico e, muitas vezes, um envolvimento claro na solução de problemas.

Cada história em que as ações se sucedem ou se sobrepõem – uma vez documentada – oferece possibilidades de análises e hipóteses interpretativas; essas são essenciais para o desenvolvimento das competências dos professores e das crianças para tomarem a decisão de continuar uma experiência específica ou encontrar novas estratégias.

Loris Malaguzzi
Por volta de 1990

O tempo tem um grande valor. Nestas histórias, vê-se que em um ambiente como acabamos de descrever não há motivo para ser apressado; pode-se explorar, construir, resolver um problema ou simplesmente desfrutar de momentos compartilhados. Os professores afrouxam o tempo e usufruem do tempo. Eles têm a responsabilidade e o direito ao tempo para refletir e questionar o que está acontecendo, e também para explorar com as crianças quais passos compartilhados devem ser dados. Tudo isso faz parte de uma atitude de pesquisa, a fim de conectar e construir processos de consciência recíproca e avaliar a aprendizagem que ocorre de maneira autêntica e respeitosa.

Tornar visível, por meio da documentação, o prazer de aprender e a complexidade das ações e invenções das crianças é uma maneira de incluir os familiares e ajudá-los a entender a potência das crianças. Isso é essencial não apenas no que diz respeito aos próprios filhos, mas também para encorajá-los a apoiarem as experiências educacionais de todas as crianças da escola.

Estas histórias contadas com fotografias coloridas apareceram pela primeira vez na edição italiana de *As cem linguagens da criança*, em 1995, um ano após a morte de Loris Malaguzzi. Ele havia participado ativamente da preparação da primeira edição em inglês do livro, lançada em 1993, mas seu desejo de que o livro incluísse histórias e imagens coloridas não foi realizado. A presente publicação, composta inteiramente de histórias ilustradas, cumpre, portanto, um desejo de longa data compartilhado por muitos.

Loris Malaguzzi conhecia bem várias destas histórias; de fato, ele havia escolhido algumas delas para apresentar a filosofia e a prática de Reggio Emilia na primeira exposição, intitulada *As Cem Linguagens da Criança: Narrativa do Possível*. Um exemplo notável é a história de Francesco e o tubo de papel, uma das favoritas de Malaguzzi. Ele a apresentou na University of Massachusetts, quando a exposição foi montada lá, em 1988, com Lella Gandini como intérprete.

Ele narrou e analisou, imagem por imagem, essa história aparentemente simples, mas extraordinária, sobre uma criança de 10 meses e sua pesquisa, criando, assim, intenso interesse e atenção para os 30 professores encantados que estavam presentes.

Poderíamos nos perguntar, neste momento: "Mas essas histórias são ultrapassadas? Existe uma diferença entre o passado e o agora em Reggio Emilia ou mesmo em nosso mundo educacional nos Estados Unidos?". Talvez. No entanto, as mensagens que eles oferecem são atemporais e fundamentais para uma cultura positiva da infância, para entender uma imagem forte de uma criança ativa e para uma educação que prepara as crianças para se tornarem participantes ativas de sua própria aprendizagem no século XXI. Estas histórias, com sua mensagem belamente arquitetada e inteligente, também nos permitem ver e observar crianças e perceber uma imagem de professores atentos e competentes na construção de experiências significativas. Além disso, também oferecem material para estudar e transmitir a imagem de um contexto propositalmente organizado para observação e pesquisa sobre crianças e com as crianças como pesquisadoras.

Mini-histórias

Sergio Spaggiari*

A cultura pedagógica de qualquer tempo ou lugar parece estar afetada por uma anorexia icônica congênita. De fato, livros sobre pedagogia raramente trazem imagens, sejam desenhos, sejam fotografias, ao passo que frequentemente tendem a ser saturados de palavras. Sendo esse evidentemente um dos pecados capitais da escrita pedagógica, ela acaba demonstrando uma tendência abstrata de se nutrir de textos em vez de contextos, ou, melhor dizendo, de textos desconectados de contextos. Entretanto, em um livro com o título *As cem linguagens da criança*, é apropriado reconhecer o direito inequívoco da inclusão de imagens que contem histórias vivenciadas pelas próprias crianças.

As imagens apresentadas neste livro representam pequenos, embora extraordinários, eventos da vida cotidiana. Elas foram produzidas nas creches e pré-escolas[1] de Reggio Emilia e têm, em nossa visão, o potencial de comunicar um modo particular de considerar e praticar a educação infantil, tentando comunicá-lo com outros códigos expressivos em publicações de muitas páginas. Estas imagens, ou melhor, estas séries de imagens – já que cada fotografia é parte de uma mini-história – destacam como a escola pode ser um lugar onde adultos apoiam ou testemunham processos de aprendizagem das crianças, sobre os quais muito pode ser dito e escrito, mas pouco é documentado. Portanto, as imagens apresentadas aqui têm uma carga extraordinária de intenções e evocações que geram sentidos capazes de ativar hipóteses e teorias interpretativas.

Com muita frequência, a fotografia, incluindo quando são retratadas crianças, é valorizada por sua força estética ou por certificar uma identidade, furtando-lhe seu potencial de dar forma a intenções, sentidos, contextos e relações. As imagens fotográficas aqui apresentadas – todas feitas por educadores e não por fotógrafos profissionais – expressam a esperança de testemunhar a inteligência das crianças, de provar suas habilidades de auto-organização e autoaprendizagem e de tornar visível sua curiosidade inexaurível e sua inabalável competência para a cooperação. Assim, estas são também imagens que pretendem surpreender os espectadores, não esperam ser vistas com indiferença e, em outras palavras, exigem um leitor não míope e não surdo, mas capaz de perceber a riqueza e atribuir a ela valor.

Por vezes, nós adultos – quando observamos crianças – não as vemos realmente. Da mesma forma, ocorre que muitos educadores cotidianamente não são capazes de perceber como alguns dos comportamentos mais comuns das crianças podem estar conectados a extraordinários sentidos do desenvolvimento. É como quando ouvimos uma língua estrangeira: captamos os sons, mas não compreendemos o significado. Por essa razão, é cada vez mais crucial que os que trabalham com

---

[1] N. de R.T.: Optamos por utilizar a terminologia conforme a legislação brasileira (Lei de Diretrizes e Bases da Educação Nacional 9394/96, art. 30).

educação aprendam a observar, documentar e interpretar, nunca se cansando de comparar e discutir uns com os outros sobre os possíveis sentidos que podem oferecer interpretações do vivido. Certamente, isso é difícil de se concretizar em uma escola que não gosta de deixar indícios ou que não valoriza a incerteza das interpretações e a criatividade das discussões coletivas. Mas o futuro da educação nos convida a abrir janelas ao prazer e comprometimento do engajamento profundo.

Em vista dessas reflexões, as imagens fotográficas que o leitor encontrará nas páginas deste livro devem ser consideradas pequenas janelas que tornam possível um verdadeiro olhar sobre um mundo – o mundo das crianças –, discutido exaustivamente sem experiência direta. Esse mundo das crianças continua em larga medida inexplorado, um desafio que evoca a sabedoria do pesquisador, em vez da presunção de um sabe-tudo. Isso é essencial, já que uma nova cultura educacional pode ser fundada sobre as palavras, os pensamentos e as ações de crianças que têm a sorte de encontrar adultos que sabem como escutá-las e tornar suas mensagens visíveis.

* As mini-histórias foram originalmente publicadas em 1995 na tradução italiana de *As cem linguagens da criança*, Edizioni Junior, com esta introdução.

Uma crônica terna e solidária

Reggio Children e Escolas e Creches da Infância
– Instituição do Município de Reggio Emilia

Quando, em 1995, a tradução italiana da primeira edição de *As cem linguagens da criança* foi impressa, a morte prematura de Loris Malaguzzi no ano anterior ainda era uma ferida aberta para as escolas de Reggio Emilia. A ideia de incluir, junto da tradução, uma coleção de "mini-histórias" contadas por imagens foi, então, também – ou principalmente – uma forma de homenagear seu otimismo e sua consciência profunda da inteligência das crianças, além de uma oportunidade valiosa para as escolas documentarem e mostrarem tal inteligência.

Lembramos o entusiasmo de Malaguzzi por essas primeiras formas de documentação apresentadas neste novo estilo, evidenciando fragmentos de experiências de vida que normalmente eram inesperadas por completo e, ainda assim, mostraram-se capazes de dar voz a memórias, gestos e modos de pensar do mundo da infância, frequentemente negligenciados ou mesmo esquecidos quando se fala sobre crianças e aprendizagem.

Essa forma de comunicação, por meio de mini-histórias, havia começado em 1985 e logo foi adotada, juntamente com outras formas de documentação, por todas as creches e pré-escolas administradas pelo município de Reggio Emilia. Tamanha difusão ocorreu porque estava em harmonia com uma abordagem ao trabalho com crianças que tentava, com um grande senso de curiosidade e ternura, entender mais e investigar mais profundamente os pontos de vista das crianças.

O aspecto que nos parece mais relevante, e que talvez nem sempre seja algo bem entendido por aqueles que não têm experiência pessoal de observação, é o quão abundantes e significativas são as percepções que essa documentação pode nos dar sobre o mundo das crianças e seus modos de aprender.

Para fotografar crianças, a relação entre elas e o que estão fazendo, requer-se atenção inalienável por parte do adulto, bem como uma abertura ao inesperado. Requer conhecimento não apenas sobre crianças, mas também sobre a linguagem da fotografia para se poder capturar, destacar e dar expressividade aos acontecimentos que se procura descrever – algo muito diferente de uma crônica instrutiva e unidimensional. Pode-se aprender a ver, em vez de apenas olhar; essa é uma prática valiosa para desenvolver uma educação visual sensível, que pode ter repercussões notáveis na abordagem didática do cotidiano.

Mini-histórias como estas permanecem eficazes ainda hoje, depois de muitos anos, pois restauram em nós, com interesse inalterado, a chance de dar pequenos passos, com ternura e solidariedade, na direção de um planeta pouco conhecido, ensinando-nos não apenas a capturar o que acontece todos os dias diante de nossos olhos – muitas vezes míopes –, mas também ativando nos professores o desejo de acrescentar ainda mais às histórias aqui apresentadas. Dessa forma, podemos criar um conjunto de documentações que se move pelo espaço de diferentes ambientes e culturas, possibilitando interpretações e comparações enriquecedoras.

Vários recursos e outras linguagens visuais foram adicionadas à câmera ao longo do tempo; ferramentas como câmeras de vídeo ou câmeras digitais – hoje muito mais usadas – modificaram em parte o antigo som do clique, em vez da atenção técnica (luz, abertura, foco...) que hoje confere um papel importante à pós-produção de material visual. Há novas formas de comunicação digital e analógica, mas permanece inalterada a importância que a abordagem de Reggio Emilia dá à observação, à documentação e ao compromisso que os professores, atelieristas e pedagogistas[2] dedicam à compreensão e à comunicação por meio da documentação visual. O resultado é uma didática valiosa, sólida e fértil, para todos que estejam interessados e desejem entender melhor o mundo das crianças.

---

[2] N. de R.T.: O livro *As cem linguagens da criança* define o pedagogista como um profissional que atua em "um sistema de relações com professores, outros profissionais da escola, pais, cidadãos, administradores, funcionários públicos e audiências externas" (p. 143, CL, 2016, vol. 2).

Sumário

Apresentação à edição brasileira.. vii
Fundação Antonio-Antonieta Cintra Gordinho

Prefácio ix
Carlina Rinaldi

Introdução xi
Amelia Gambetti e Lella Gandini

Mini-histórias... xv
Sergio Spaggiari

Uma crônica terna e solidária... xvii
Reggio Children e Escolas e Creches da Infância
– Instituição do Município de Reggio Emilia

Construção de Dois Pequenos Cavalos de Argila.. 1

Francesco e o Tubo de Papel.. 7

O Telefone e o Sapato 9

O Gato e a Chuva 11

As Maravilhas do Roxo... 13

Giulia-Giulias.. 14

As Colunas do Teatro Municipal 15

A Nave Espacial Fechada 19

A Nave Espacial 21

Uma Bússola para Duas Elisas 25

O Truque do Passarinho em Nós.. 27

Testando Conjecturas 31

Mensagens – Empréstimos e Trocas 33

Mensagens... 35

A Caixa de Correio Vazia.. 39

Ganso e Burro 41

A Carta de Amor 43

Aprendendo Juntos	45
A Fita Métrica Transcrita, Desconstruída e Reconstruída	47
O Preço das Maçãs	51
Pensamentos sobre o Cálculo de Custo	54
Retratos de Amigos	57
Graças ao Céu	63
A Estabilidade das Cadeiras	65
Cadeiras Habitadas	67
Construção de Pontes de Argila	69
Ver o Invisível	71
Daniele e o Arame	75
Alice e a Baleia	77
Encontros entre Crianças e Árvores	79
Autorretratos em Argila	83
As Margaridas Têm Coração ou Cérebro?	85
Gateza	89
A Semente de um Bebê Gato	92
O Mar Nasce da Onda-Mãe	93
Referências	97
Índice	98

Construção de Dois Pequenos Cavalos de Argila

Protagonistas: Sabina (4.6 anos) e Gloria (4.5 anos).[3]

A representação da construção desses dois cavalos de argila foi criada por meio de uma técnica de documentação "pós-observação", que incluiu: informações advindas de notas escritas, esboços, fotografias dos professores, uma gravação de áudio da linguagem verbal das crianças e fotografias de algumas das esculturas finalizadas.

Normalmente, os produtos finais que costumamos ver das criações das crianças – pequenas construções ou esculturas como as que são vistas aqui – escondem muitas escolhas, problemas, interferências, empréstimos e palavras trocadas durante a construção. É por isso que a observação e o registro dos processos de construção das crianças, por parte dos educadores, é prática frequente nas creches e pré-escolas de Reggio Emilia. Nesse caso, apresentamos um pequeno exemplo que nos dá testemunho da multiplicidade de elementos e aspectos que podem nos escapar, se avaliarmos apenas o produto final, e como o encontro com a criatividade é mais fácil nos processos do que nos produtos.

1.
Cavalo de argila de Sabina.

2.
Cavalo de argila de Gloria.

---

[3] N. de R. T.: Os professores de Reggio Emilia costumam utilizar a marcação de anos e meses, respectivamente, conforme descrito: 4.6 equivale a 4 anos e 6 meses.

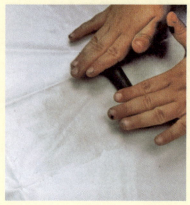

3.
Gloria começa rolando dois pequenos pedaços de argila.

4.

5.

6.
A menina diz: "Estou fazendo um cavalo pintado".

7.

9.
"Ele não está ficando em pé. Poxa, por que você não fica parado?"

8.
"Vou fazê-lo com pernas grandes."

10.
A frágil estrutura não se mantém; ela desaba.

11.
E a menina coloca o pequeno cavalo na mesa novamente, espremendo sua estrutura.

12.
A pressão exercida modifica consideravelmente a forma, transformando o cavalo original. Apenas sua horizontalidade permanece, a fim de simbolicamente representar o cavalo.

As cem linguagens em mini-histórias **3**

13.
Neste momento, há um salto conceitual: a parte que era a cabeça é levantada e torna-se a perna dianteira. A menina transitou de um esquema gráfico bidimensional para um tridimensional.

14.
"Meu cavalo não fica exatamente em pé, mas pelo menos ele parou de balançar."

15.

16.
"É uma cavala; ela é sensual, porque tem cabelo cacheado."

17.
O cavalo finalizado de Gloria.

As cem linguagens em mini-histórias

18.

19.
"Fiz as pernas fortes!
E fiz os cascos também."

20.
Com surpresa em sua voz:
"Ele não para em pé! Mas tem quatro pernas!".

As cem linguagens em mini-histórias

21.
Ela continua trabalhando com o cavalo deitado na mesa. Sabina o observa e faz comentários em voz alta: "Parece um pássaro; meu cavalinho é um pouco coelho, um pouco pássaro". As outras meninas na mesa riem junto com ela. Depois de um tempo, ela comenta novamente: "Acabei, mas ele não é forte; ele fica caindo".

Durante o processo de construção de cada menina, há uma brusca mudança de direção; uma reestruturação que subverte a construção anterior, fortemente motivada pelo desejo de fazer seus cavalos ficarem de pé.

22.
De repente, o pequeno cavalo de Sabina fica em pé. O que houve? Aparentemente, Sabina não se resignou com seu cavalo ficar deitado e encontrou uma solução engenhosa... ela pegou um pedaço de argila e colocou atrás dele, para mantê-lo em pé. O cavalo fica ereto por meio de um sistema semelhante ao pé de apoio (ou pé de descanso)[4] de uma bicicleta.

23.
O cavalo de Sabina em foco: visão frontal.

---

[4] N. de T.: No original, *kickstand* (inglês) ou *cavalletto* (italiano).

Francesco e o Tubo de Papel

Protagonista: Francesco (10 meses).

1.
Francesco, sentado sobre uma folha de papel pardo que foi colocada no chão da sala de crianças pequenas,[5] segura a ponta do papel e o rasga em tiras grandes.

2.
O papel rasgado tende a se enrolar, criando tubos de tamanhos variados. Essa brincadeira de rasgar papel parece interessar a Francesco durante um tempo, mas então ele para. Poderíamos pensar que a criança considera que o jogo acabou, já que ele agora dirige sua atenção às canetas, colocadas intencionalmente pelas professoras no chão ali próximo; uma é preta e uma é azul. Francesco se aproxima, engatinhando...

3.
Mas agora, depois de ter pegado as duas canetas, ainda engatinhando, ele retorna diretamente ao tubo de papel. Ele o pega, o inclina e insere primeiro a caneta azul,

4.
e, então, ele insere a caneta preta. Ele tem um olhar de determinação e parece prever e apreciar o que acontecerá em seguida. O que essa criança espera?

---

[5] N. de T.: Será utilizada a palavra "sala" para designar o original *room/classroom* (inglês) ou *sezione* (italiano).

5.
As duas canetas estão dentro do tubo. Elas não estão mais visíveis.

6.
Francesco confere atentamente as duas pontas do tubo. É como se ele dissesse: onde as canetas foram parar? Por que elas não vêm para fora? É provável que o jogo de colocar algo pequeno dentro de algo grande aberto nas extremidades seja algo que a criança já experimentou anteriormente. Essa situação é provavelmente conhecida, mas as canetas não saem do tubo – como se elas tivessem sido engolidas por ele.

7.
Francesco olha dentro do tubo e, ao fazer isso, cria uma inclinação e o tubo lhe devolve a visão das duas canetas.

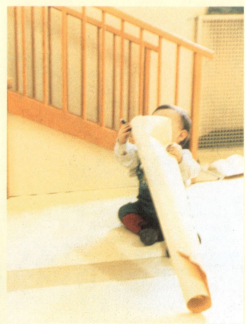

8.
Francesco pega as canetas novamente e as insere no tubo, mantendo-o inclinado o máximo possível. Francesco vai, então, experimentar essa sequência diversas vezes como se quisesse verificar sua nova descoberta.

O Telefone e o Sapato

Protagonistas: Chiara (22 meses) e Letizia (21 meses).

1.
Chiara e Letizia estão em um espaço calmo na creche. Elas estão brincando com um telefone de tamanho regular. (No canto inferior esquerdo da imagem, notamos que Chiara havia anteriormente tirado um de seus sapatos.)

2.
O telefone é muito atraente e convida à reinterpretação de gestos conhecidos ou familiares.

3.
A brincadeira assume uma nova direção. Chiara tira o telefone de Letizia e o coloca no chão. Ainda segurando o receptor, ela pega seu sapato

4.
e o entrega a Letizia,

As cem linguagens em mini-histórias

5.
que o explora com atenção.

6.
Enquanto Chiara ainda mantém o receptor próximo de sua orelha, ela faz um gesto a Letizia, que o interpreta imediatamente. O sapato torna-se um receptor e o diálogo telefônico parece muito envolvente.

7.
O jogo continua. Chiara coloca seu receptor de volta na base e, tendo descoberto o poder de seu sapato, coloca-o ao seu lado e decide testar o sapato de Letizia,

8.
tirando-o do pé dela.

9.
Será que o sapato de Letizia vai se transformar em receptor de telefone como fez o sapato de Chiara?

O Gato e a Chuva

Protagonistas: Cecilia (2.6 anos) e Omar (2.7 anos).

1.
Cecilia coloca dois pedaços de arame em uma bola de argila, dobra o fio e diz: "Fiz gato".

2.
Omar conclui sua construção de argila (ele inseriu algumas varetas em sua bola de argila), coloca-a ao lado da de Cecilia e diz: "Fiz chuva". Cecilia olha e diz: "Gato molhado".

As cem linguagens em mini-histórias

3.
Ela, então, pega um lenço de papel, coloca sobre sua construção e diz: "Gato coberto".

Nota: as professoras haviam disponibilizado às crianças bolas de argila macia e uma variedade de materiais. Elas não tinham fácil acesso à câmera no momento em que as crianças se envolviam, mas fizeram anotações sobre suas ações, interações, gestos e palavras. Dessa forma, foram capazes de fotografar o trabalho finalizado e adicionar as palavras das crianças às fotos.

As Maravilhas do Roxo

Protagonistas: Alice (18 meses), Marta e Emiliano (22 meses).

1.
Um grande pote de vidro é enchido pela professora com um forte fluxo de água.

2.
O corante que estava dentro do pote derrete e começa a fluir e a dançar na água,

3.
criando formas que provocam surpresa,

4.
curiosidade e maravilhamento.

As cem linguagens em mini-histórias

Giulia-Giulias

Protagonista: Giulia (10 meses), um espelho grande e dois espelhos pequenos.

1.
Um grupo de crianças está sentado sobre um tapete na frente de um espelho grande. É um espaço bastante familiar para este grupo de crianças pequenas, pois se trata de onde, cotidianamente, encontram objetos ou situações preparadas pelas professoras para convidar-lhes a novas descobertas.

2.
Giulia se mostra muito interessada na imagem que aparece no espelho pequeno que ela segura em suas mãos.

3.
Instantaneamente, sua atenção é fortemente convocada pela outra imagem de si que aparece no espelho grande. Duas imagens, talvez duas Giulias? Olhar no espelho pequeno ou no grande...

4.
...ou ambos? O espelho pequeno, colocado aos pés do grande, parece dar a Giulia uma possibilidade de pesquisa, conforme ela toca ambos os espelhos. Ela está explorando sua identidade? Quem é essa criança? Quem são elas?

5.
A exploração torna-se mais interessante e mais cativante quando um adulto oferece a Giulia mais um espelho pequeno. Giulia não fica desorientada: na verdade, ela parece encontrar-se consigo novamente, como se sua imagem, em uma variedade de formas, confirmasse sua presença.

As Colunas do Teatro Municipal

Protagonistas: um grupo de crianças (de 3 a 3.7 anos).

1.
O grupo de crianças para em frente às colunas do Teatro Municipal. Para muitos adultos, é difícil compreender a arquitetura. Será possível acompanhar as crianças em sua experimentação com ela, neste caso, sustentando seu interesse, uma vez que são tão novas?

2.
As crianças se atraem pelas colunas: "Tem tantas dessas coisas!".

As cem linguagens em mini-histórias

3.
Nos deslocamos para a lateral das colunas, a fim de completamente mudar o ponto de vista. As crianças olham e, após um breve silêncio, três delas se colocam uma atrás da outra e dizem: "É assim que elas estão colocadas". Uma delas, Federico, fecha um de seus olhos para ver melhor.

4.
Em seguida, Alessandro corre na direção das colunas e chega até a outra extremidade (do Teatro), tocando cada coluna com sua mão, como se percebesse fisicamente a sequência rítmica da colocação das colunas.

5.
A professora se esconde atrás de uma das colunas e diz: "Onde estou?". As crianças respondem: "Não estamos conseguindo ver, porque você está escondida aí atrás!".

6.
"Elas são muito, muito altas!"

7.
"Elas são plantadas lá no topo!"

8.
"Elas são tão gordas!"

As cem linguagens em mini-histórias

9.
"Elas são muito fortes. Para movê-las, é preciso uma escavadora ou um dinossauro!" Professora: "Para que servem essas colunas?". Crianças: "Elas são para segurar tudo em pé". "Se faltar uma, as outras terão dificuldade, mas se faltarem muitas, as que sobrarem vão explodir com o esforço!"

10.
"Mas se elas se desfizerem, elas podem nascer de novo." "Sim, como o cabelo e os dentes..." "Mas quem é muito velho fica careca para sempre."

11.
Antes de voltarem à escola, as crianças correm várias vezes entre as colunas, em zigue-zague, dizendo em voz alta, ritmadamente: "Dentro-fora, dentro-fora, dentro-fora...".

A Nave Espacial Fechada

Protagonistas: Ivano e Stefano (3.3 anos).

1.
Um grupo de crianças de 3 a 3.5 anos está em uma pequena parte de sua sala (chamada "mini-ateliê") desenhando livremente. A professora está presente.

2.
Stefano mostra à professora e a seus amigos seu desenho (podemos ver que ele está em um estágio de rabisco) e diz: "Terminei". Ao lado dele, Ivano pergunta: "O que é isso?" e Stefano responde: "É uma nave espacial". Ivano diz em tom de reprovação: "A gente não está vendo nada aí!". Stefano replica: "É porque está tudo dentro dela. Ela é fechada".

3.
Ivano, com uma atitude irritada, abruptamente pega o desenho de Stefano. Notamos agora que o desenho de Ivano tem formas complexas.

4.
Ivano começa a desenhar sobre o desenho de Stefano, que fica visivelmente chateado, mas assiste ao trabalho de seu colega.

5.
A atenção e curiosidade de Stefano aumentam conforme ele vê Ivano desenhar. Ivano diz: "Isso é um astronauta".

6.
Stefano expressa sua felicidade, superando a chateação.

7.
Agora Stefano volta a desenhar em sua folha, calmo sob o olhar protetor de Ivano.

A Nave Espacial

Protagonistas: Ivano, Luca e Stefano (de 5.7 a 5.8 anos).

É sempre interessante e instrutivo que os professores observem e documentem as brincadeiras organizadas de forma autônoma pelas crianças. A partir desse tipo de brincadeira, surgem aspectos do pensamento das crianças que são diferentes do esperado quando algo é tradicionalmente organizado para elas. Observar o brincar autônomo das crianças sugere possibilidades de aprendizagem mais adaptadas aos interesses e conhecimentos delas. Como havíamos observado a brincadeira desse grupo de crianças de 5 a 6 anos, informamo-lhes que parte do ateliê era dedicada para usarem como desejassem. As crianças aceitaram com entusiasmo e, após uma breve busca, voltaram ao espaço trazendo tudo o que pensavam que poderia servir para o seu projeto de construção.

1.

2.
A ideia proposta era construir uma nave espacial para uma aventura no espaço.

3.
Para o projeto, as crianças criam personagens com fantasias e acessórios que trouxeram de casa, a fim de tornar a nave espacial mais real.

As cem linguagens em mini-histórias

4.
Os personagens começam a se tornar animados e o tom de voz, gestos e palavras das crianças tornam-se fortes.

5.

6.

7.
Alguns dos personagens e animais passam por uma "radiografia" (dizem as crianças), a fim de saber se são reais ou robôs. Conforme saem os resultados e se tratam de robôs, sua energia é analisada no tubo.

8.
Com permissão de usar as escadas para chegar ao teto, as crianças descobrem a possibilidade de construir extensões verticais de sua nave espacial.

9.
As crianças compartilham instruções e comandos. O aspecto vertical da construção requer decisões claras e colaboração entre elas.

10.
Ao fim do dia, o espaço que foi ofertado às crianças havia sido totalmente tomado por sua construção e mostra a intenção e complexidade de sua nave espacial.

11.
Quando as crianças retornam no dia seguinte, querem organizar a expedição espacial. Escrevem o nome da nave espacial, *Triple X*, os nomes dos tripulantes e também criam um mapa para o voo. O objetivo da viagem é anunciado. Elas formarão uma sociedade para salvar homens, mulheres, plantas e animais. Escrevem e desenham seus objetivos. Essa missão, em particular, recebe o nome de Missão Pantera.

12.
O nome de Ivano será "Compitur" e ele vai controlar o computador. O nome de Stefano será "Arrow" e ele será responsável pelo sistema de defesa. Luca será "Ala 2x" e ele tomará conta das manobras de voo. Eles também criam um painel vazio designado à coleta de dados durante a viagem.

As cem linguagens em mini-histórias

13.
O mapa merece atenção especial. O primeiro ponto é a partida da Terra. As diferentes rotas são marcadas com setas e linhas. As linhas pretas representam explorações interplanetárias; o azul e o verde são para procurar tesouros e fontes de energia. Também marcam possíveis encontros com Saturno, Júpiter, o Sol, uma cidade no espaço, um cometa e um monstro espacial. Duas áreas onde os asteroides podem ser encontrados estão marcadas com um sinal de perigo: "Atenção!". Eles também incluem a possibilidade de fazer uma breve viagem no hiperespaço, onde poderiam viajar na velocidade da luz.

14.
As direções do voo são discutidas e acordadas pelas crianças, usando o mapa.

15.
O computador transforma-se no mecanismo e no centro de comando da navegação. Do computador, todas as ordens de voo são dadas e as mensagens são enviadas de/para o espaço. De repente, elas encontram um alienígena e um objeto voador não identificado, ou óvni, como dizem as crianças. O que dizer a um alienígena? Como se comunicar com ele? Eles estão no espaço, perto de uma forma desconhecida de vida, o que pode ser perigoso.

16.
As crianças decidem enviar uma mensagem de paz com a repetição de "NÓS AMIGOS". Mas o alienígena não responde; talvez ele não entenda ou está com medo.

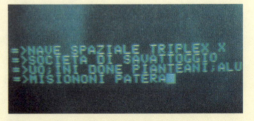

17.
As crianças identificam-se, bem como suas intenções específicas, com as mesmas informações da nave espacial: "NAVE ESPACIAL TRIPLE X, SOCIEDADE PARA SALVAR HOMENS, MULHERES, PLANTAS E ANIMAIS, MISSÃO PANTERA".

Uma Bússola para Duas Elisas

Protagonistas: Elisa F. e Elisa M. (5 anos e alguns meses).

1.
Elisa F. e Elisa M. decidem se desenhar com suas próprias sombras. O grupo de crianças de 5 anos tem experimentado com sombras há um tempo.

2.
Elisa M. está desenhando.

3.
A primeira tentativa de desenho das meninas mostra uma interpretação bastante diferente.

4.
A professora sugere que elas vão para fora da sala, onde há sol, para conferir. Elas vão ao espaço externo.

5.
Elisa F. diz: "Eu acho que eu estava um pouco errada. Minha sombra real é toda escura e colada nos meus pés". Elisa M. responde: "Você também precisa colocá-la com a cabeça para baixo e um pouco para o lado".

6.

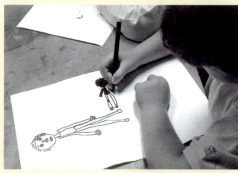

7.
Elisa M. volta a desenhar, fazendo sua sombra escura.

8.
Elisa M., então, ajuda a corrigir Elisa F.: "Você não está vendo que fez a sombra muito longe? Não entendi por que você não a grudou nos pés!".
Elisa F. diz: "Eu fiz o que eu quis. Eu também posso cortar a sombra e pôr mais perto". Mas Elisa M. diz: "Você não pode fazer o que quiser, você tem que fazer o que a sombra quer!".

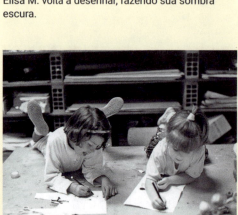

9.
As duas Elisas voltam à finalização de seus desenhos. "O sol é mais fácil. Ele quer ficar do outro lado da criança. Isso eu já sei!"

10.
O desenho finalizado.

As cem linguagens em mini-histórias

O Truque do Passarinho em Nós

Protagonistas: Alan (4.1 anos), Maria Teresa (3.8 anos) e Veronica (3.8 anos) estão brincando próximos à parede de uma ilha com fantasias.

O que o pássaro de papel colado no vidro da janela tem a ver com a sombra na parede?

- É possível parar o pássaro-sombra?
- Quem o está movendo?
- Por que é tão difícil capturar o pássaro?

Nesse dia, a discussão sobre essas perguntas mostra um dos muitos modos como as crianças comparam teorias e leis que elas sentem que são fracas e podem ser aprimoradas. As crianças logo aprendem quatro coisas:

- Que é indispensável ter e expressar em palavras seus próprios pensamentos sobre as coisas.
- Que entender as coisas frequentemente implica mudar suas próprias palavras e pensamentos.
- Que tais mudanças frequentemente ocorrem conforme se conversa com outras crianças ou um adulto.
- Que, quando tais mudanças ocorrem, costuma-se sentir quase um movimento sutil que envolve o corpo, as emoções, a mente e a relação com as coisas e as outras pessoas.

1.
"Venham ver, tem um passarinho."

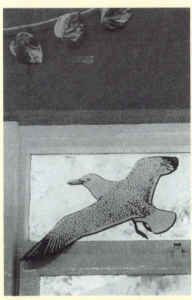

2.

3.
"É aquele ali que está fazendo sombra aqui."
Ela aponta para o pássaro de papel colado na parte de cima do vidro.

As cem linguagens em mini-histórias

4.
Professora: "É a sombra daquele passarinho. Vamos fazer um contorno em cor para vermos melhor. Daí podemos ir lá fora brincar e quando voltarmos para cá, vamos vê-lo novo".

5.
Após um tempo, as crianças retornam.

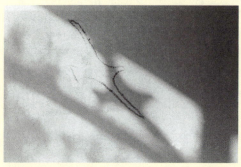

6.
"A sombra não está mais aqui!" "Mas eu vejo o bico. Uau, parece uma águia!" "É ele... é o sol que começa de lá e bate aqui." "Mas continua a mesma sombra... Eu acho que ela se move..."

7.
"Como o pássaro voa por aí, ele veio aqui no lugar das fantasias."

8.
"Vem! Vamos pará-lo." Professora: "Como podemos pará-lo?".

9.
"Precisamos de um pouco de fita. Vamos colocar bastante, porque daí ele não vai se mexer. Vamos fazer uma gaiola para ele".

10.
As crianças vão ao pátio brincar, mas depois de um tempo voltam para checar...

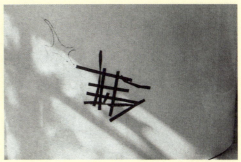

11.
"O pássaro se libertou! Vamos ter que segurar com nossas mãos ou... com alguma coisa..."
"Vamos na cozinha pegar um pouco de pão. Podemos dar a ele umas migalhas e ver se ele para e come."

12.
"Ele está vindo para baixo. Logo ele vai ver as migalhas e comer." "Pode levá-las, come, elas são boas!"

13.

14.
"Ele não parou. Será que precisamos fazer uma casinha para ele?"

15.
"Podemos colocar poltronas, uma cama e uma TV..."

As cem linguagens em mini-histórias

16.
"Ele não entrou na casa. Olha! Ele foi parar nas paredes da casa. Será que precisamos fazer uma casa mais bonita?"

17.
"Eu vou pular nele! Ou eu vou pegar um laço e amarrar no pescoço dele." "Não, para com isso, ele gosta de ser livre e, mesmo assim, ele não ia parar." "Vamos chamar as crianças grandes (as da sala de 5 anos) para ver se elas sabem resolver esse problema."

18.
"Não estamos conseguindo parar o pássaro. Colocamos fita nele e ele não parou; demos migalhas de pão e ele não parou; construímos uma casa para ele e ele não ficou lá dentro..."

19.
"A sombra dele foge toda vez. Quando o pássaro foge, a sombra vai junto. Se, por exemplo, a sombra se move e vê o pão no chão e as pessoas em volta dele, o pássaro ouve o barulho e foge."

21.
No dia seguinte, as crianças percebem que a sombra do pássaro se move, seguindo a mesma trajetória que traçaram no dia anterior.

"Eu sei porque ele vai pelo mesmo caminho: porque ele é sempre um pássaro de mentirinha. É a mesma forma que tem ali na janela."

"Ele vai pelo mesmo caminho porque ele gosta. No dia seguinte, quando o sol volta, o raio do sol entende que ele tem que passar por cima do caminho do dia anterior. É o sol que comanda isso."

20.
As crianças seguem o conselho de Elisa.
"Ele está indo embora... se foi. Eu realmente não sei como fazer para que ele pare."

Testando Conjecturas

Protagonistas: Daniela, Veronica, Pier Luigi e Tommaso
(de 3.8 a 4.4. anos).

1.
"Onde está minha sombra agora? Será que desapareceu, como a sombra do Peter Pan? Mas, não... ela está aqui!"

2.
"Daria para tentar cobrir a sombra com uma pedra gigante." "Para fazer a sombra desaparecer, é preciso deitar no chão e aí não dá para ver mais a sombra. A criança precisa desaparecer para fazer a sombra desaparecer."

3.
"Podemos cobrir a sombra com pequenas pedras. Muitas, muitas pequenas pedras."

As cem linguagens em mini-histórias

4.
"Mas elas não cobrem a sombra." "Deveríamos fazer a sombra explodir?"
"Precisamos de uma tempestade."

5.
"Vamos tentar com um lençol.
Podemos ir ali pegar um!"

6.
"Ele não cobre...Eu me espelho ali e também
a Veronica tem a sombra dela."

Mensagens – Empréstimos e Trocas

Protagonistas: Benedetta (3.3 anos), Elisa (3.2 anos) e Filippo (3.4 anos).

Observando as crianças de 3 anos de idade, percebemos que todos os dias, espontaneamente, elas trocam ou emprestam uns dos outros pequenos objetos que, com frequência, trazem de casa. O próprio objeto que passa de mão em mão é muito carregado de sentidos e, às vezes, substitui as palavras.

1.

2.
Este é um exemplo entre muitos que documentamos. Benedetta chega à escola uma manhã com dois bonecos de pelúcia. Depois de segurá-los por um bom tempo...

3.
ela decide emprestar um a Filippo. Entre os dois, isso cria uma relação especial; mas Benedetta, em troca da pelúcia, espera lealdade completa de Filippo.

As cem linguagens em mini-histórias

4.
Tendo adquirido a amizade de Filippo, depois de um tempo, Benedetta pega de volta a pelúcia com ele para fazer uma nova amizade com Elisa.

5.

6.
A amizade se fortalece ao compartilharem as páginas de um livro ilustrado...

7.
e continua até o almoço, quando as duas pelúcias sentam-se em frente das duas meninas à mesa. Em outro momento, elas poderão ser usadas para criar novas alianças.

Mensagens

Protagonistas e autores: crianças (de 2.9 a 3.7 anos).

Construímos uma situação que convida e apoia as trocas e a comunicação, organizando um espaço com pequenas caixas de correio individuais: uma para cada criança, uma para as professoras, uma para a atelierista e uma para a cozinheira.

As caixas são transparentes por opção. Consideramos que tornar as mensagens visíveis comunica às crianças quando a caixa está sendo usada, sem muita intervenção ou muitas orientações por parte dos adultos.

Cada criança pode encontrar sua própria caixa e a de seus amigos, porque uma fotografia e o nome de cada um são colocados nelas.

Pensamos que as crianças podem migrar da troca direta de objetos pequenos para uma troca indireta desses itens e de outros sinais mais abstratos de amizade, por meio do uso de tais caixas.

1.

2.

3.

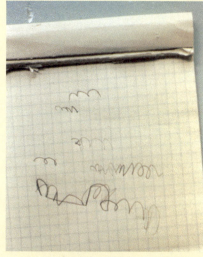

4.

5.

6.

7.

8.
Rapidamente, as crianças compreendem que um objeto recebido por meio das caixas de correio aumenta o senso de antecipação.

9.

As cem linguagens em mini-histórias

10.

11.

12.

Frequentemente, pela manhã, as crianças verificam se algo chegou. Elas também colocam pequenos objetos nas caixas (às vezes, colocam algo em sua própria caixa), escolhem uma ou mais caixas e passam a desejar ser reconhecidas como remetentes.

No mini-ateliê próximo às caixas de correio, as crianças têm uma variedade de materiais que podem manipular e transformar facilmente em mensagens, sempre que desejarem. Nossa hipótese, formada pela observação do interesse e das ações das crianças, é que elas podem realmente transitar da troca direta de objetos para outro tipo de troca que represente, de maneira mais abstrata, comunicação e amizade.

A Caixa de Correio Vazia

Protagonistas: Greta e Martina (3.3 anos).

1.
Este é um dos muitos exemplos que testemunham a delicada qualidade e profundidade dos sentimentos que podem surgir da troca de mensagens por meio das pequenas caixas de correio. Nesta história, as caixas foram construídas com papelão branco. Greta abre sua caixa de correio e a encontra vazia. Ela se afasta silenciosamente.

2.
Martina, que observou o acontecimento de longe, percebe a decepção de Greta. Ela vai para sua caixa de correio, tira uma mensagem e a coloca silenciosamente na caixa de correio de Greta. Ela, então, chama a atenção de Greta e a convida a verificar sua caixa de correio novamente, porque há uma mensagem nela. Greta, em dúvida, não abre sua caixa, mas Martina tira a mensagem da caixa de correio de Greta.

3.
Em seguida, ela a mostra a Greta e explica seu conteúdo.

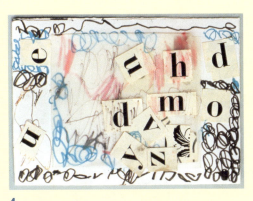

4.
A mensagem dada a Greta é especial, porque Martina a havia preparado para ser dada à sua mãe.

As cem linguagens em mini-histórias

5.
Após concordarem em se fantasiar do mesmo modo, as duas meninas se dirigem ao mini-ateliê...

6.
onde as encontramos concentradas, em um acordo silencioso, escrevendo uma à outra.

7.
Estas são as mensagens que vão colocar uma na caixa de correio da outra.

8.
As crianças na pré-escola, com 3 e 4 anos, modificam a qualidade e a quantidade de mensagens que trocam. Progressiva, natural e inevitavelmente, aos 5 anos, elas chegam às mensagens escritas. (Esta imagem mostra as caixas de correio ocupadas das crianças da sala de 5 anos da escola Diana).

Ganso e Burro

Protagonistas: Bobo (5.6 anos), Luca (5.8 anos) e Marco (5.7 anos).

1.
Marco, Bobo e Luca escrevem três mensagens em um canto do ateliê e parecem estar se divertindo bastante. Luca: "Isso é para me vingar do meu irmão, vai endireitá-lo!". Bobo: "Vou mandar isso para minha irmã, que fica me provocando!". Marco: "Vou mandar para meu pai, já que ele não me levou para passear de lambreta". "Não tem mais essa de desenho bonito. Vamos dar a eles um belo rabisco!"

2.

As cem linguagens em mini-histórias

3.
Bobo: "Belo, belo, belo até demais; nós vamos escrever 'burro' grandão, certo, Marco?".

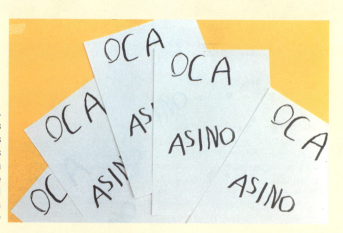

4.
Marco: "Quer saber? Vamos fotocopiar esses palavrões também para nossos amigos usarem como quiserem!". Luca e Bobo: "Boa!". A mensagem é fotocopiada com o espaço central vazio para adicionar o nome do destinatário escolhido.[6]

5.
As crianças, então, distribuem as mensagens aos amigos, explicando cuidadosamente como elas podem ser usadas.

---

[6] N. de T.: As palavras italianas *oca* e *asino*, presentes nas mensagens fotocopiadas, referem-se, respectivamente, a ganso e burro.

A Carta de Amor

Protagonistas: Agnese (5.6 anos), Luca (5.5 anos), com o apoio de Carla (5.8 anos).

1.
Luca é quem está apaixonado dessa vez. Ele sabe como escrever apenas seu nome, portanto, para escrever a Agnese, ele pede ajuda de Carla, que já aprendeu a escrever.

2.
Carta de Luca para Agnese:

Cara Agnese, estou apaixonado demais por você, mas, às vezes, você me irrita, porque você brinca com os outros e eu não quero que você faça isso, porque daí com quem eu vou brincar? Nunca consigo me separar de você. Amanhã vou casar com você e também vou assustar você e correr atrás de você com minha capa preta. Muitos beijos de Luca Tondelli.

Ditado por Luca, escrito por Carla.

3.
A carta é colocada na caixa de correio de Agnese e Luca vai contar-lhe que há uma carta para ela. Agnese logo entende o sentido da carta...

4.
e escreve uma resposta, já que, assim como Carla, sabe escrever sem ajuda.

5.
Aqui está a mensagem em resposta a Luca:

Caro Luca, não posso me casar com você no dia que você disse, porque sou muito pequena, não!!!
E, além disso, eu nunca vou me casar, porque não gosto. Vou brincar com você, se você não me incomodar com todos os seus beijos, que são muuuuuuitos. Por mim seriam bem menos. Um dia convido você para ir à minha casa. Responda para mim com outra mensagem e eu vou responder novamente. Tchau da Agnese.

44 As cem linguagens em mini-histórias

Aprendendo Juntos

Protagonistas: Agnese (5.6 anos) e Omar (5.8 anos).

Agnese e Omar decidem escrever uma mensagem para um amigo em comum. Agnese consegue escrever sozinha, mas Omar ainda está aprendendo.

Como costuma acontecer entre as crianças, os papéis são determinados por um senso de justiça, e, assim, alternar a digitação na máquina de escrever (considerada uma função cobiçada) é mais importante do que a competência específica na escrita.

Agora, é a vez de Omar usar a máquina de escrever e Agnese dá sugestões e corrige sua escrita.

1.

2.
Omar busca, na expressão de sua amiga, aprovação do que está escrevendo.

3.
Omar tem dificuldades, mas Agnese sabe como esperar sem intervir e sem falar. Ela entende que seu amigo está aprendendo e precisa de tempo.

As cem linguagens em mini-histórias

4.
"Aí foi muito!"

5.

6.

7.
O erro encontra lugar na brincadeira e eles estão se divertindo.

8.
"Eba, bom trabalho, você conseguiu!"

A Fita Métrica Transcrita, Desconstruída e Reconstruída

Protagonistas: Alan, Alessandro e Veronica (de 5.5 a 5.8 anos).

Percebemos que as crianças guardavam nos bolsos pequenas fitas métricas que haviam construído por conta própria, em casa. Isso aconteceu após a experiência de um projeto que ocorreu na escola com um grupo de crianças entre 5 e 6 anos de idade. Eles viram a fita métrica como protagonista, junto com um sapato, ao medirem uma mesa.

1.
Aqui está um exemplo do conteúdo dos bolsos de uma criança: (a) pedaços de cadarço marcados com pequenas linhas retas e (b) uma tira elástica longa com marcas e números semelhantes aos de uma fita métrica. "Assim, eu posso medir mais coisas", diz o autor.

2.
Aceitamos essa ideia sugerida pelas crianças e organizamos a transcrição da fita métrica.

As cem linguagens em mini-histórias

3.
As crianças escolhem entre os vários tipos de fitas métricas que temos na escola. Elas optam pela que mede 20 metros. É a mais longa que temos e difícil de ler: os centímetros (cm) são indicados por linhas simples; uma seta indica a metade de um decímetro (5 cm); e números pretos indicando decímetros (dm) são repetidos para o comprimento da fita métrica. Os números vermelhos indicam metros (m). Respeitamos a escolha das crianças, considerando que esse tipo de fita métrica difícil pode ajudá-las a refletir sobre sua estrutura e a entender múltiplos e submúltiplos.

4.
Transcrever uma fita métrica instantaneamente se torna uma maneira de procurar significados. Quando as crianças conseguem atribuir significado a um sinal, ele se torna um traço importante a ser explorado. Filippo diz: "Devo colocar as flechas?" e responde a si mesmo: "Eu até copiei, mas não sei por quê". Ele conta repetidamente enquanto desenha as marcas e, em um determinado momento, observa triunfante: "Agora eu entendi! As flechas são sempre o 5!".

6.
A professora sugere uma brincadeira: é possível medir as coisas também com as partes (ou porções) do metro que eles desenharam e construíram (50 cm, 10 cm e 1 cm). O que alguém poderia medir com essas partes? Cada criança pega uma fita métrica e também os submúltiplos e vai caçar medidas.

5.
Nós, professoras, achamos oportuno pedir às crianças que transcrevessem a medida de um metro e também seus três submúltiplos: 50 cm, 10 cm e 1 cm. Esses vários segmentos do metro são imediatamente construídos e desconstruídos.

7.
Os primeiros objetos que as crianças encontram são os que correspondem, em termos de medida, à parte do metro que possuem consigo. Alessandro tem uma fita métrica de 50 cm.

8.
As crianças são capazes de estimar medidas com a vista. Porém, dessa vez, o tronco da árvore é menor que a fita de 50 cm que a criança tem.

10.
Alan, que tem uma porção de 1 cm, descobre que as coisas que podem ser medidas são muitas, incluindo o buraco da fechadura.

9.
Mas basta cavar um pouco para que a medida fique justa.

As cem linguagens em mini-histórias

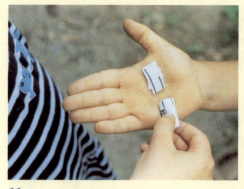 

11.
Veronica inveja as possibilidades de Alan, porque ela tem uma medida de 10 cm. Mas ela pensa bem e dobra a medida de 10 cm várias vezes. Dessa forma, ela pode dizer: "Eu também posso medir como você e posso medir o seu centímetro".

12.
Alessandro quer medir a esquadria da janela, mas seu pedaço de 50 cm de fita não é suficiente. Ele avalia o que falta e chama Veronica, que tem uma porção de 10 cm. Ainda assim não é suficiente, então eles dizem a Alan: "Vem aqui, precisamos exatamente do seu 1 cm!".

13.
Agora o espaço da esquadria é completamente coberto e medido.

14.
Nesta primeira fase da realização de medidas, as crianças praticam sua capacidade de somar. Elas estão descobrindo a possibilidade de combinar submúltiplos do metro. Precisam visualizar o espaço todo para medirem.

Outras descobertas ocorrerão, conforme houver mais explorações e problemas para resolver.

O Preço das Maçãs

Protagonistas: Daniela, Marco e Tommaso (de 5 a 6 anos).

1.
As crianças imprimem o dinheiro que usarão como compradores e vendedores no jogo clássico de montar uma loja. Combinamos com elas que no papel serão impressos apenas alguns números: 1, 2, 5 e 10, valores que correspondem à moeda que usamos.

2.
Ao mesmo tempo, as crianças discutem o que será vendido e qual será o preço de cada item.

3.
Ferramentas do vendedor.

4.
Organização da loja.

As cem linguagens em mini-histórias

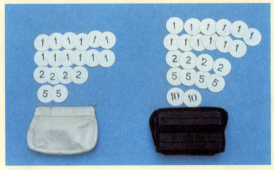

5.
Bolsinhas[7] disponíveis para os compradores. Foram preparadas com dois níveis de dificuldade: uma contém o valor total de 30 e a outra, 60.

6.
Daniela está comprando e pediu para pagar apenas quando terminar, ao passo que algumas crianças preferem pagar cada item separadamente. Sua bolsinha tem o valor total de 60. Em certo momento, ela pede duas maçãs.

7.
Tommaso pega uma maçã da cesta e procura a etiqueta com o preço, mas ela não está ali. Como determinar o preço?

8.

---

[7] N. de T.: Do original *change purses* (inglês).

As cem linguagens em mini-histórias

9.

10.
Daniela pega ambas as maçãs e sente a diferença no peso: "Talvez para colocar o preço precisamos saber o peso". Assim, ela muda seu pedido original e diz: "Eu quero comprar a maçã mais pesada de todas".

11.
Tommaso usa a balança para descobrir qual é a mais pesada, comparando as maçãs duas a duas.

12.
Ele gradualmente vai eliminando as mais leves.

13.

14.
Ele estabelece uma escala gradual de peso e um preço decrescente que vai de 5 a 2. Tommaso diz: "Aqui está a mais pesada". Agora as compras podem continuar.

As cem linguagens em mini-histórias

Pensamentos sobre o Cálculo de Custo

Protagonistas: Daniela, Marco e Tommaso (de 5 a 6 anos).

1.
Após selecionar outros itens, Daniela termina suas compras e deve pagar um total de 133.

2.
O processo de pensamento de Daniela é assim: construir o total, 133, algarismo por algarismo. 1, 2+1=3, 2+1=3.

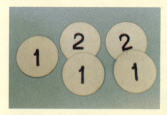

3.

4.
Tommaso acha que Daniela o está provocando: "Você está brincando? Você tem que pagar agora! Isso é 7, não 133". Daniela tem um problema, mas parece que entendeu. Ela começa a contar quanto dinheiro tem em sua bolsinha. Ela tem 60, então pede a Marco que lhe empreste algum dinheiro, e ele empresta. Assim, eles juntam o valor. O vendedor e o comprador, juntos, recalculam em voz alta, várias vezes, o respectivo total de dinheiro e, contando com os dedos, chegam ao total de 131, em vez de 133.

5.

6.
Tommaso e Marco verificam, com a máquina registradora, quanto dinheiro Daniela tem. Apesar de terem ajudado-a com a soma, Tommaso ainda precisa receber os 2 que estão faltando. O que fazer?

7.

8.
Daniela tem uma ideia: "Dou dois grãos-de-bico e aí fica tudo certo".

As cem linguagens em mini-histórias 55

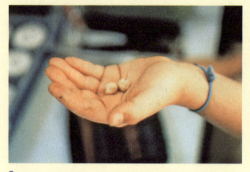

9.
Tommaso recusa essa troca; dois grãos-de-bico não parecem ter o mesmo valor de duas moedas.

10.
Marco e Daniela se convencem de que a única solução é devolver parte do que Daniela comprou. Eles encontram algo com o número 2.

11.

12.
Agora, Tommaso aceita e dá a ela o recibo.

13.
A compra foi feita e a brincadeira pode recomeçar.

56 As cem linguagens em mini-histórias

Retratos de Amigos

Protagonistas: crianças (de 5 a 6 anos).

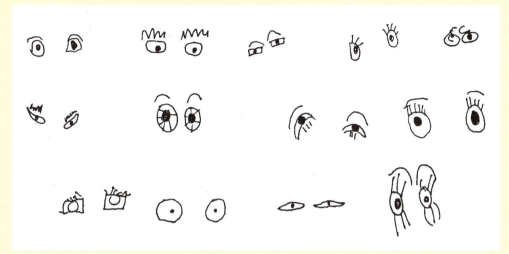

Tipologias de olhos

Tipologias de narizes

As cem linguagens em mini-histórias

Tipologias de bocas

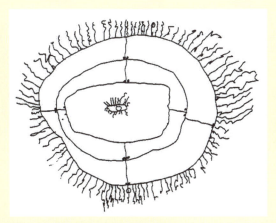
Olho que olha em todas as direções

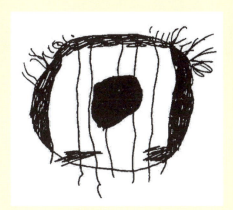
Olho aprisionado

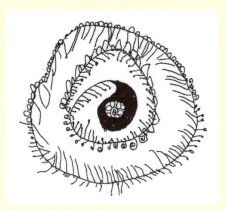
Olho de uma criança

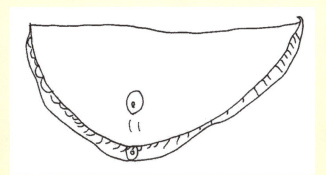
Olho meio sonolento que depois acorda

Olho de um homem que encara o sol

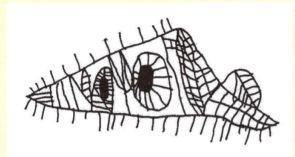

Olho feroz

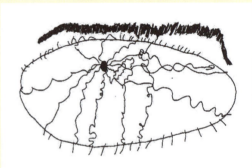

Olho pensante com estradas que enviam mensagens

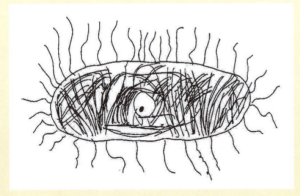

Olho que olha o vento

As cem linguagens em mini-histórias

Boca toda aberta que assiste a TV

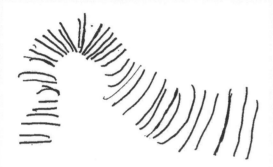

Vozes gritantes

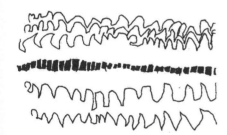

Voz de bom humor, alegre e feliz

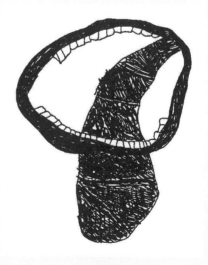

Boca enganosa

As cem linguagens em mini-histórias

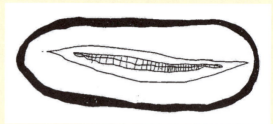
Boca de um comediante

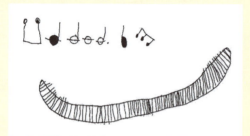
Boca cantante

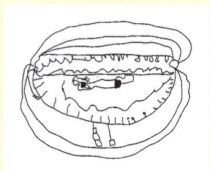
Boca sorridente e pensante

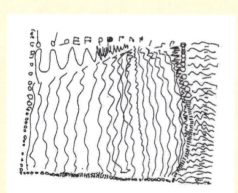
Vozes cantantes

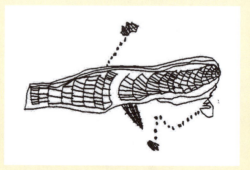
Voz calma que está explicando

Graças ao Céu

Protagonistas: Marco (4.5 anos) e Filippo (4.6 anos).

Marco começa a fazer uma pessoa de argila, mas depois de várias tentativas de fazê-la ficar em pé, ele usa um bloco de madeira como apoio. Ele não está satisfeito com o resultado e diz com uma voz triste: "É um desastre! Olha como eu estraguei a pessoa para fazer ficar em pé!". Então, voltando-se para seu amigo Filippo, ele diz: "E agora? O que eu posso fazer?". Filippo: "Você tem que começar pelas pernas, como eu sempre faço".

1.

2.
Marco segue o conselho do amigo e constrói duas pernas fortes que se sustentam sozinhas. Filippo: "Agora você faz onde fica o fígado".

3.
Um pequeno rolo de argila é colocado como ligação entre as duas pilastras, para representar a barriga. Filippo continua: "Em seguida, vem o tórax".

4.
Os pequenos rolos de argila continuam a se sobrepor: "Mais, mais, mais! O tórax é muito, muito maior".

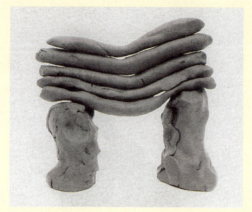

5.
Outros pequenos rolos são adicionados sobre os anteriores.

6.
Adicionam-se ao tórax: um pescoço, braços, cabeça, orelhas e os detalhes do rosto. O rosto – talvez por acaso, talvez não – está voltado para o teto.

7.

8.
Marco observa o homenzinho e diz: "Ele está olhando para cima e agradece ao céu. Primeiro, ele estava morto e o Senhor mandou ele voltar a viver. Ele agradece ao Senhor, porque lhe deu uma nova vida".

A Estabilidade das Cadeiras

Protagonistas: crianças (de 4 a 4.6 anos).

Vimos nas histórias das crianças o desejo compartilhado de fazer suas esculturas ficarem em pé. Para que as crianças consigam isso, precisam resolver problemas de equilíbrio e estabilidade. Elas precisam compreender o centro de massa de um bloco de argila e o conceito de equilíbrio. À medida que as crianças se conscientizam desses problemas ao trabalharem com argila, elas encontram estratégias para resolvê-los. Tentamos satisfazer seu desejo de construir, sugerindo ocasiões para que se concentrem em experimentar. Nós as convidamos a construir uma cadeira de argila. O importante é deixar que as crianças sejam protagonistas na escolha do tempo individual e do tipo de exploração.

1.

2.

3.

4.

As cem linguagens em mini-histórias

5.

6.

7.

8.

As cem linguagens em mini-histórias

Cadeiras Habitadas

Protagonistas: crianças (de 4 a 4.6 anos).

Uma vez que as cadeiras de argila vão ao forno, elas podem assumir o papel para o qual foram imaginadas e construídas: receber pessoas que se sentem nelas.

1.

2.

3.

4.

5.

6.

7.

8.

As cem linguagens em mini-histórias

Construção de Pontes de Argila

Protagonistas: crianças (de 5 a 5.6 anos).

1.

2.

3.

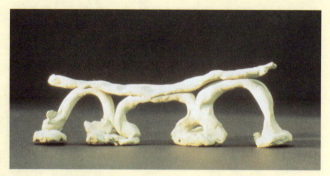

4.

5.

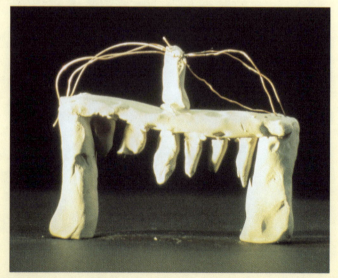

6.

70 As cem linguagens em mini-histórias

Ver o Invisível

1.

2.

As cem linguagens em mini-histórias 71

3.

4.

5.

Um pequeno caracol

O escorpião d'água

Um pequeno morcego

Agora um camarão grande

Uma sanguessuga

Um camarão

Uma concha

Um pequeno camarão

Uma larva de libélula

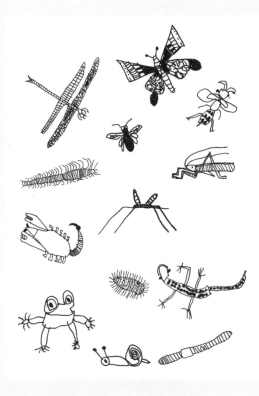

6.

A mosca

A vespa

A centopeia

Aqui tem um gafanhoto

O escorpião

Os pernilongos estão por aqui, mas nós só os vemos à noite

É uma minhoca

Um caracol com sua casa, mas tem outros que não têm casa

7.

O morcego é um tipo de rato com asas. Dá para vê-lo apenas à noite, quando ele voa pelo parque, caçando borboletas.

Uma abelha

De formiga aqui está cheio

Uma cobra aquática

Um lagarto

Uma joaninha

Também grilos

Uma toupeira; às vezes, dá para ver o montinho de terra e, às vezes, o buraco

Uma lacraia

Daniele e o Arame

Protagonista: Daniele (3.2 anos).

2.
Os arames preparados pela professora têm uma variedade de tamanhos, espessuras e maleabilidades.

1.
A professora propõe a um grupo de crianças em torno de 3 anos de idade que tente manusear arames.

3.
A maioria deste pequeno grupo começa logo a usar os arames. Eles os dobram e fazem com eles formas, enquanto pensam em quais nomes elas podem ter e que outras coisas podem ser feitas com os arames.

4.

5.
Outros têm mais dificuldade. Embora Daniele tenha um forte desejo e seja bastante determinado, ele não obtém sucesso em manipular o arame que tem em suas mãos.

As cem linguagens em mini-histórias

6.
Daniele observa com evidente desejo o trabalho das outras crianças e as inveja por estarem se divertindo.

8.
A professora se aproxima de Daniele e, juntos, movem suas mãos, pulsos e dedos, produzindo mudanças no formato do pedaço de arame.

7.

10.
A partir daquele momento, o arame assume outras formas e Daniele pode participar no grande jogo coletivo de transformar pequenos pedaços de arame.

9.
A professora se retira e Daniele – agora sozinho – consegue dobrar o arame, criando uma forma simples que ele expõe com um ar de vitória.

Alice e a Baleia

Protagonista: Alice (2.3 anos).

1.
Alice está brincando com um fio de cobre e diz: "Fiz um peixe.
Agora vou fazer um peixinho".

2.
"Esse fio é bem grande."

3.
"Que peixão! É uma baleia. Que bocona que você tem! É para engolir você melhor... NHAC!"

4.
E a baleia come todos os peixinhos.

Encontros entre Crianças e Árvores

Protagonistas: crianças (de 2.10 a 3.10 anos).

1.
"A árvore é uma planta, porque ela é plantada embaixo e em cima. Ela vai para debaixo da terra e bem alto no ar."

3.
"As árvores estão sempre felizes, porque elas gostam de estar felizes."

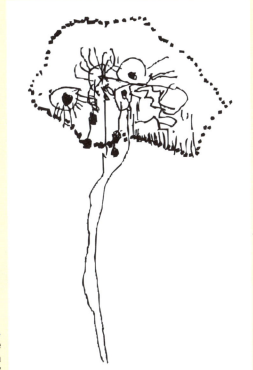

2.
"A árvore é estreita embaixo e macia em cima. A árvore tem a voz do vento."

As cem linguagens em mini-histórias

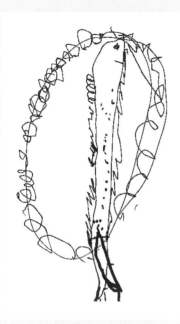

6.
"As árvores na floresta não têm medo algum."

4.
"A árvore nasce de uma mãe grande, grande."

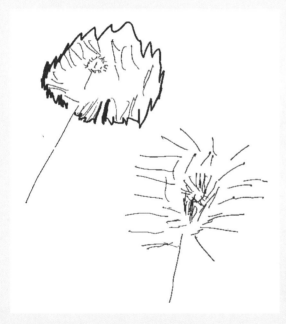

5.
"Algumas folhas são meninas e outras são meninos e são chamadas de 'folhos'."[8]

---

[8] N. de T.: A palavra italiana *foglia* (folha) é um substantivo feminino e tem como plural *foglie*, já que muitos plurais femininos nessa língua se fazem com terminação em {-e}. A terminação {-i} costumeiramente se aplica a plurais masculinos. Em seu comentário, a criança transforma o gênero da palavra original, adotando a terminação dos plurais masculinos e, assim, inventando a palavra *fogli* (que seria equivalente, em português, a se dizer "folhos").

7.
"As árvores têm uma pele de madeira. Elas não têm febre, pegam outras doenças, mas eu não sei se elas ficam resfriadas."

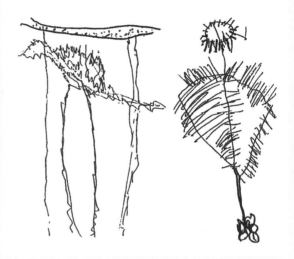

8.
"Quando chove, a árvore fica feliz, porque ela toma banho e as folhas ficam azuis... com o sol elas amadurecem."

9.
"As folhas caem, porque elas se seguram com apenas uma mão."

As cem linguagens em mini-histórias

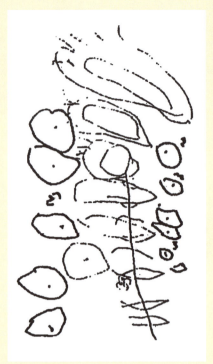

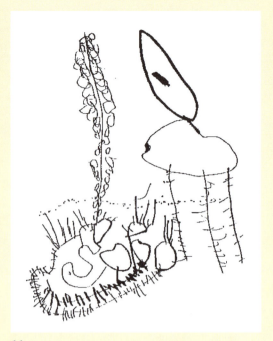

11.
"A árvore, ela sabe para que as raízes servem."

10.
"No inverno, as árvores passam fome e morrem, mas daí no verão elas voltam à vida. Temos que ver se elas vão voltar mesmo no verão!"

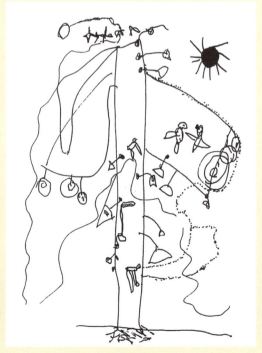

12.
"Eu acho que as árvores estão vivas, porque elas fazem maçãs, fazem folhas e fazem vento."

Autorretratos em Argila

Protagonistas: crianças (de 5 a 6 anos).

1.

2.

3.

4.

5.

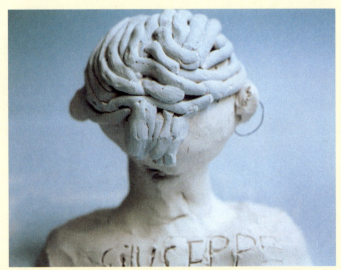
6.

As cem linguagens em mini-histórias

7.

8.

9.

10.

11.

12.

84 As cem linguagens em mini-histórias

As Margaridas Têm Coração ou Cérebro?

Protagonistas: Alessandro, Davide, Gabriella, Gianni e Silvia (de 5 a 5.6 anos).

1.
Um grupo de crianças está tendo uma discussão ao lado de um vaso com várias margaridas amarelas. Gabriella: "As flores sugam a água. O caule é como se fosse o canudo delas".

2.
Silvia: "Bem, eu acho que essa é uma margarida menina, porque ela tem um broto".

3.
Gianni: "Você está vendo? Esse é o coração, que serve para manter as pétalas presas, e as pétalas usam-no para respirar".

4.
Davide: "Mas dentro desse coraçãozinho poderia haver outra coisa... talvez o cérebro". Gianni: "Flores não têm cérebro; flores só têm coração. Apenas nós temos cérebro".

5.
Davide: "Não. As flores estão vivas, então elas têm cérebro". Gianni: "Ai, elas não falam!".

6.
Silvia: "Elas falam, sim. Elas fazem um barulhinho muito especial, bastante sutil. É um sonzinho que mostra que estão com fome ou com sede".

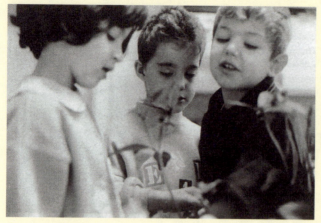

8.
Todos eles escutam as margaridas.

7.
Gianni, em tom de provocação, diz: "Então, vamos escutar com nossos ouvidos o barulhinho delas!".

9.
Gianni: "Não estou ouvindo nada".

10.
Davide: "Mas elas fazem: aaeeoo...". Ele praticamente sussurra esses sons.

12.
Silvia: "Eu também ouvi isso". Gabriella. "Eu também!"
Silvia: "Talvez só as meninas ouçam".

11.
Gianni: "Alessandro, não é verdade que você não ouviu nada?".
Alessandro: "Eu ouvi trrrrrrr", ele sussurra delicadamente.

As cem linguagens em mini-histórias

14.
Gianni aproxima seu ouvido da margarida. "Deixe-me ouvir... é a respiração, certo, Gabriella? Isso é a respiração?".

13.
Gianni (incomodado): "Mesmo assim, não é o cérebro; é a respiração."

15.
Gabriella: "Mas talvez haja uma minhoquinha...".

16.
"...dentro."

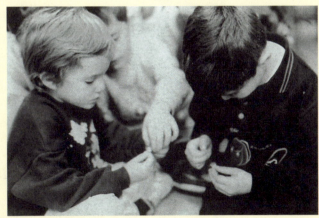

18.
Gianni: "Bom, então vamos pegar essa margarida velha e tirar as pétalas".

17.
Davide: "O cérebro está aqui. Fica dentro do coração".

As cem linguagens em mini-histórias

19.
As crianças começam a arrancar o coração da margarida. "Vamos ver o que está lá dentro."

20.
Gianni: "Eu acho que o cérebro não está aqui". Eles continuam a cirurgia.

22.
"Só há esses fiozinhos."

21.
Gianni para o grupo: "Estão vendo?".

23.
Davide: "São os fiozinhos dos pequenos cérebros das flores".

Gateza[9]

Contadores da história: crianças (de 5 a 5.10 anos).

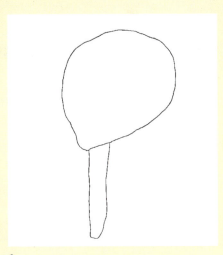

1.
"No parque há uma árvore especial, a árvore dos gatos. Ela tem muitas folhas. É uma árvore bem grande."

2.
"Na árvore há gatos, gatos de todos os tipos. Há gatos com manchas, gatos com orelhas pretas e barrigas brancas..."

3.
"Essa gata, como se pode ver, está chegando na árvore: 'Miau, miau'. Ela chega na árvore e, com suas garras, se segura no tronco. Gatos têm pescoços longos, porque precisam alcançar quase que as folhas da árvore, senão como poderiam pegar as sementes?"

4.
"Vejam, agora chegou um gato. Na verdade, ele é marido da gata. Ele não está envolvido nisso; só está aqui de guarda. Estão vendo como ele é bonito? Talvez foi um gato listrado que deu as sementes a sua mãe, porque, quando ele era um bebê, ele ganhou essas listras."

---

[9] N. de T.: Do neologismo *catness* (inglês).

5.
"Na árvore há muitos gatos. Há gatos macios e gatos gordos. Os gatos sempre olham para cima e andam por entre as folhas e comem pequenos pássaros. Na árvore há gatos de todos os tipos. Tenho que desenhar também as sementes, sementes de todos os tipos que estão por toda a árvore."

6.
"A gata dá uma volta pelo parque à noite e fica embaixo da árvore com a boca aberta. Ela escolhe as sementes dos gatos que ela mais gosta e diz: 'Eu quero essa toda preta' (que se parece com a nossa gata chamada Preta) e, então, da árvore, as sementes caem. Ela pega tudo que quer e, depois, os bebês gatinhos nascem. Vou colocar alguns pássaros acima da árvore dos gatos."

7.
Retrato de Greta: a gata.

8.
"Os gatinhos, às vezes, não conseguem ver, porque eles se escondem no pelo. Eles se sentem seguros, porque a gata-mãe os protege."

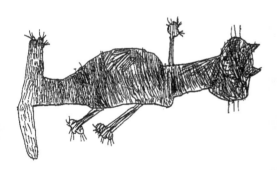

9.
"Este é um gato que está sempre deitado na grama. Talvez ele queira fazer travessuras."

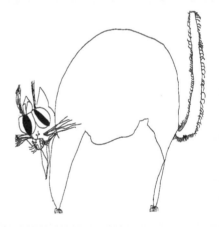

10.
"Um gato está brigando com outro, talvez porque eles gostam da mesma gata. Ele está com o pelo todo arrepiado."

A Semente de um Bebê Gato

Autor: Davide (5.9 anos).

"Primeiro, os bebês gato são como uma semente; eles crescem devagar como um dinossauro, aos poucos os dentinhos vão saindo e o corpo fica na forma de um gatinho. Vou mostrar..."

1.
"Esta é a semente. É meio redonda, como uma bolinha..."

2.
"Aqui já é quando o gatinho começa a nascer. Essa é a patinha dele. O pelo logo cresce... a boca, o olho."

3.
"Olha aqui, os dentes aparecendo. Uma das pernas tem mais pelo... ele tem uma perna atrás."

4.
"Fica vendo, outra parte dos dentes está crescendo, um pedaço da perna de trás e a pata da frente."

5.
"Então, aí vêm os dentes no outro lado do rosto dele. Ele já pode morder. A barriga é quase redonda, uma pata é mais comprida e há também a outra pata..."

6.
"Parece um pouco com um gatinho, mas ainda é muito bebê. O pelo está lá, logo aparece... está quase pronto."

7.
"Agora os bigodes longos estão se formando. Uma bocona, um rabo comprido... este é um gatinho recém-nascido."

O Mar Nasce da Onda-Mãe

Autores: crianças (de 2.10 a 3.5 anos).

1.
"A mamãe era macia e eu nasci, porque queria minha mamãe."

2.
"O papai me quis, porque eu não estava aqui, e eu queria o papai. Mamãe e papai me quiseram."

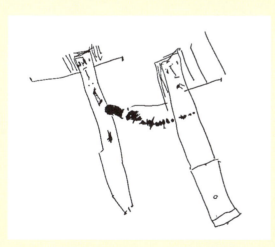

3.
"Antes eu estava na barriga do papai, daí saí de fininho e fui para dentro da barriga da minha mãe e de lá eu saí."

As cem linguagens em mini-histórias

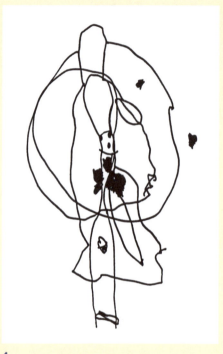

4.
"Quando eu estava dentro da minha mamãe, ela me conhecia. Eu conseguia ver minha mamãe pelo umbigo."

5.
"Dentro da barriga dela é silencioso, quente e meio que lotado. Eu gostava de lá." "Era frio e eu estava espremido."

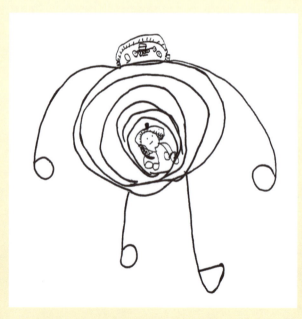

6.
"Eu tinha um rosto diferente, eu era todo molhado, estava em uma água dentro de um balão...Eu nunca perguntei para eles se eu tinha roupa de banho."

8.
"Eu nunca vi um bebê nascer e não sei quem decide nascer, a mamãe ou os bebês. Eu não sei. Não lembro de nada."

7.
"Eu tinha o formato certo para sair, foi então que eu nasci. Os peixes nascem no mar, o dinossauro vem de um ovo e eu estava todo enrolado."

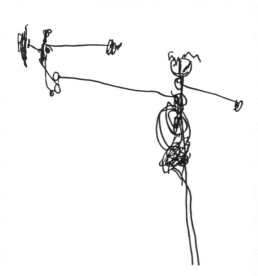

9.
"Eu era um menino dentro da barriga da minha mãe e aí o médico me deu um nome e eu me tornei uma menina. Primeiro, eu era menina e, depois, eu tinha forma de Steven. O médico disse: 'Fica com o nome de Steven' e, então, eu fiquei menino."

As cem linguagens em mini-histórias

10.
"Quando eu nasci, todos queriam me tocar. Eu era uma fofura e tinha belos olhos, uma bela boca e belas mãos."

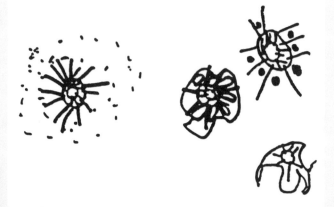

11.
"Estrelas nascem de suas mamães também, com todos os seus pontinhos."

12.
"O mar nasce da onda-mãe.

O tempo nasce da tempestade.

O vento nasce do ar e tem o formato certo para bater nas coisas.

O tempo nasce dos anos."

Referências

CASARINI, T.; GAMBETTI, A.; PIAZZA, G. *The fountains*. Reggio Emilia: Reggio Children, 1995.

CAVALLINI, I. et al. *The wonder of learning*: catalog of the exhibition. Reggio Emilia: Reggio Children, 2011.

CIPOLLA, S.; REVERBERI, E. *The little ones of silent movies*. Reggio Emilia: Reggio Children, 1996.

EDWARDS, C.; GANDINI, L.; FORMAN, G. (Org.). *As cem linguagens da criança*: a experiência de Reggio Emilia em transformação. Porto Alegre: Penso, 2016. v. 2.

EDWARDS, C.; RINALDI, C. *The diary of Laura*: perspectives on a Reggio Emilia diary. Saint Paul: Redleaf, 2008.

FILIPPINI, T.; GIUDICI, C.; VECCHI, V. *Dialogues with places*. Reggio Emilia: Reggio Children, 2008.

FILIPPINI, T.; VECCHI, V. *Browsing through ideas*. Reggio Emilia: Reggio Children, 2009.

FILIPPINI, T.; VECCHI, V. *The hundred languages of children*: catalog of the exhibition. Reggio Emilia: Reggio Children, 2005.

GIUDICI, C.; KRECHEVSKY, M.; RINALDI, C. *Making learning visible*: children as individual and group learners. Reggio children and Harvard Project Zero. 2. ed. Reggio Emilia: Reggio Children, 2011.

MENINNO, I. *The black rubber column*. Reggio Emilia: Reggio Children, 2009.

RUBIZZI, L.; VECCHI, V. *The sea is born from the mother wave*. Reggio Emilia: Reggio Children, 1996.

SHADOW STORIES, poetics of an encounter between science and narration. Conceito, filmagem e montagem: Sara De Poi, Simona Spaggiari. Reggio Emilia: Reggio Children, 2012. 1 dvd (14 min).

STURLONI S.; VECCHI, V. *Everything has a shadow, except ants*. Reggio Emilia: Reggio Children, 1999.

THE PARK IS... Reggio Emilia: Reggio Children, 2008.

VECCHI, V. *Theater curtain*: the ring of transformations. Reggio Emilia: Reggio Children, 2002.

WE WRITE SHAPES that look like a book. Reggio Emilia: Reggio Children, 2008.

Índice

Índice alfabético para mini-histórias

A Caixa de Correio Vazia, p. 39

A Carta de Amor, p. 43

A Estabilidade das Cadeiras, p. 65

A Fita Métrica Transcrita, Desconstruída e Reconstruída, p. 47

A Nave Espacial, p. 21

A Nave Espacial Fechada, p. 19

A Semente de um Bebê Gato, p. 92

Alice e a Baleia, p. 77

Aprendendo Juntos, p. 45

As Colunas do Teatro Municipal, p. 15

As Maravilhas do Roxo, p. 13

As Margaridas Têm Coração ou Cérebro?, p. 85

Autorretratos em Argila, p. 83

Cadeiras Habitadas, p. 67

Construção de Dois Pequenos Cavalos de Argila, p. 1

Construção de Pontes de Argila, p. 69

Daniele e o Arame, p. 75

Encontros Entre Crianças e Árvores, p. 79

Francesco e o Tubo de Papel, p. 7

Ganso e Burro, p. 41

Gateza, p. 89

Giulia-Giulias, p. 14

Graças ao Céu, p. 63

Mensagens, p. 35

Mensagens – Empréstimos e Trocas, p. 33

O Gato e a Chuva, p. 11

O Mar Nasce da Onda-Mãe, p. 93

O Preço das Maçãs, p. 51

O Telefone e o Sapato, p. 9

O Truque do Passarinho em Nós, p. 27

Pensamentos Sobre o Cálculo de Custo, p. 54

Retratos de Amigos, p. 57

Testando Conjecturas, p. 31

Uma Bússola para Duas Elisas, p. 25

Ver o Invisível, p. 71

Índice por tema

Este índice não é capaz de expressar a profundidade e complexidade das delicadas relações estéticas, bem como as profundas experiências de aprendizagem, que são parte de cada mini-história. Ele oferece informações sobre aspectos que podem ser recobrados conforme o interesse dos leitores.

Idade das crianças

Crianças muito novas (11 meses a aproximadamente 2 anos)

Construção de Dois Pequenos Cavalos de Argila, p. 1

Francesco e o Tubo de Papel, p. 7

O Telefone e o Sapato, p. 9

O Gato e a Chuva, p. 11

As Maravilhas do Roxo, p. 13

Giulia-Giulias, p. 14

Alice e a Baleia, p. 77

Crianças de 3 anos

As Colunas do Teatro Municipal, p. 15

A Nave Espacial Fechada, p. 19

O Truque do Passarinho em Nós, p. 27

O Mar Nasce da Onda-Mãe, p. 93

Daniele e o Arame, p. 75

Testando Conjecturas, p. 31

Mensagens – Empréstimos e Trocas, p. 33

Encontros Entre Crianças e Árvores, p. 79

Crianças de 3 para 4 anos, ou 4 anos já completos

Mensagens, p. 35

A Caixa de Correio Vazia, p. 39

Graças ao Céu, p. 63

Crianças de 4 a 5 anos

Retratos de Amigos, p. 57

A Estabilidade das Cadeiras, p. 65

Cadeiras Habitadas, p. 67

Crianças de 5 anos ou mais

Construção de Dois Pequenos Cavalos de Argila, p. 1

A Nave Espacial, p. 21

Uma Bússola para Duas Elisas, p. 25

Ganso e Burro, p. 41

A Carta de Amor, p. 43

Aprendendo Juntos, p. 45

A Fita Métrica Transcrita, Desconstruída e Reconstruída, p. 47

O Preço das Maçãs, p. 51

Pensamentos Sobre o Cálculo de Custo, p. 54

Construção de Pontes de Argila, p. 69

Ver o Invisível, p. 71

Autorretratos em Argila, p. 83

As Margaridas Têm Coração ou Cérebro?, p. 85

Gateza, p. 89

A Semente de um Bebê Gato, p. 92

Resolvendo dificuldades de relação ou problemas de construção

Francesco e o Tubo de Papel, p. 7

O Telefone e o Sapato, p. 9

O Gato e a Chuva, p. 11

As Colunas do Teatro Municipal, p. 15

A Nave Espacial Fechada, p. 19

A Nave Espacial, p. 21

Uma Bússola para Duas Elisas, p. 25

Mensagens – Empréstimos e Trocas, p. 33

A Caixa de Correio Vazia, p. 39

A Carta de Amor, p. 43

Aprendendo Juntos, p. 45

Pensamentos Sobre o Cálculo de Custo, p. 54

Graças ao Céu, p. 63

Daniele e o Arame, p. 75

As Margaridas Têm Coração ou Cérebro?, p. 85

Gateza, p. 89

O Mar Nasce da Onda-Mãe, p. 93

Material explorado
Argila
Construção de Dois Pequenos Cavalos de Argila, p. 1

O Gato e a Chuva, p. 11

Graças ao Céu, p. 63

A Estabilidade das Cadeiras, p. 65

Cadeiras Habitadas, p. 67

Construção de Pontes de Argila, p. 69

Autorretratos em Argila, p. 83

Arame
Daniele e o Arame, p. 75

Alice e a Baleia, p. 77

Luz, sombras e reflexões
As Maravilhas do Roxo, p. 13

Giulia-Giulias, p. 14

O Truque do Passarinho em Nós, p. 27

Testando Conjecturas, p. 31

Uma Bússola para Duas Elisas, p. 25

Explorando ou representando o mundo físico e natural
Retratos de Amigos, p. 57

Ver o Invisível, p. 71

Encontros Entre Crianças e Árvores, p. 79

As Margaridas Têm Coração ou Cérebro?, p. 85

Gateza, p. 89

A Semente de um Bebê Gato, p. 92

O Mar Nasce da Onda-Mãe, p. 93

Letramento
Leitura e escrita
Mensagens, p. 35

A Caixa de Correio Vazia, p. 39

Ganso e Burro, p. 41

A Carta de Amor, p. 43

Aprendendo Juntos, p. 45

Contagem e medições
As Colunas do Teatro Municipal, p. 15

A Fita Métrica Transcrita, Desconstruída e Reconstruída, p. 47

O Preço das Maçãs, p. 51

Pensamentos Sobre o Cálculo de Custo, p. 55